Los números del 0 al 10 con 

0 1 2 3 4 5 6 7 8 9 10

0

cero - zero

Circle the number 0
Circula el número 0

5 2 1 0 9 6 7 3 4 8
0 9 8 2 5 2 1 0 5 6
7 6 2 5 0 2 9 8 4 3

Color / Colorea

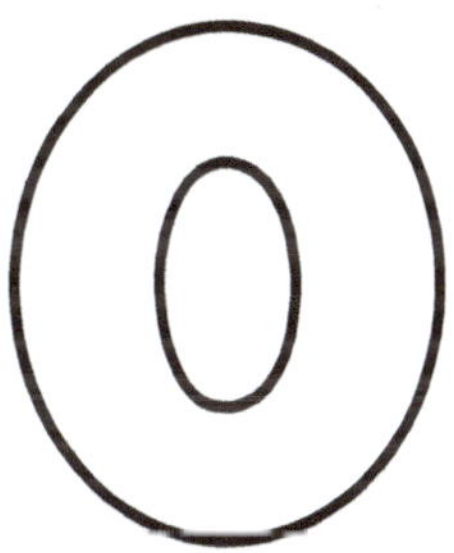

Trace the number 0 and the word cero
Traza el número 0 y la palabra cero

0    

cero    

Los números del 0 al 10 con 

0 1 2 3 4 5 6 7 8 9 10

uno - one

Color 1 square
Colorea 1 cuadro

**Circle the number 1
Circula el número 1**

2 1 0 9 6 7 3 4 8 5
4 3 1 2 5 2 8 0 5 6
1 6 2 5 0 2 1 8 4 7

Color / Colorea

Trace the number 1 and the word uno
Traza el número 1 y la palabra uno

1   1   1   1   1

uno 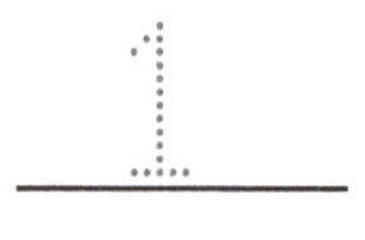 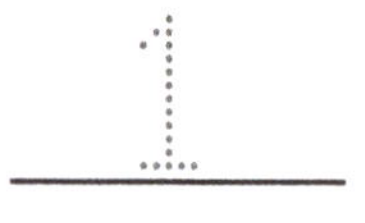 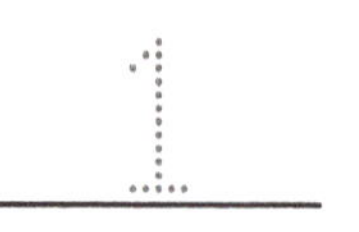 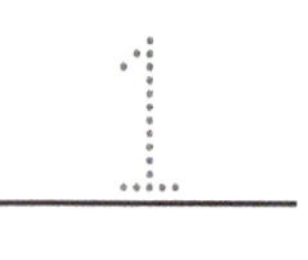

Los números del 0 al 10 con 

0 1 **2** 3 4 5 6 7 8 9 10

Circle the number 2
Circula el número 2

5 2 1 0 9 6 7 3 4 8
6 3 8 2 5 1 2 0 5 4
2 6 2 5 0 7 1 8 4 3

Color / Colorea

Trace the number 2 and the word dos
Traza el número 2 y la palabra dos

2   2   2   2   2

dos   dos   dos   dos   dos

0 1 2 **3** 4 5 6 7 8 9 10

3

tres - three

Color 3 squares
Colorea 3 cuadros

Circle the number 3
Circula el número 3

8 4 1 0 9 6 7 3 2 5
4 8 3 2 5 2 1 0 5 6
3 2 6 5 0 2 1 8 3 4

Color / Colorea

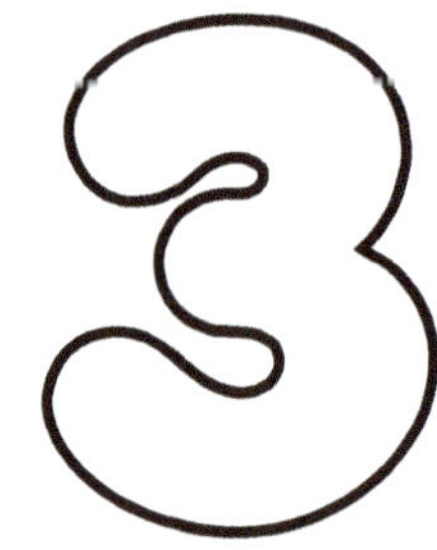

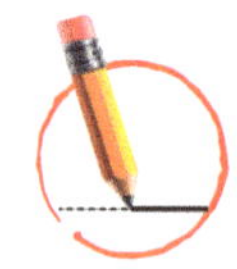

Trace the number 3 and the word tres
Traza el número 3 y la palabra tres

3   3   3   3   3

tres   tres   tres   tres   tres

Los números del 0 al 10 con 

0 1 2 3 **4** 5 6 7 8 9 10

cuatro - four

Color 4 squares
Colorea 4 cuadros

Circula el número 4
Circle the number 4

9 2 1 0 5 7 6 3 4 8
4 3 8 2 6 5 1 0 2 5
1 4 2 5 8 2 7 9 4 3

Color / Colorea

Trace the number 4 and the word cuatro
Traza el número 4 y la palabra cuatro

4
cuatro

4   4   4   4
cuatro   cuatro   cuatro   cuatro

0 1 2 3 4 **5** 6 7 8 9 10

cinco - five

Circula el número 5
Circle the number 5

0 2 1 5 9 6 7 3 8 4
3 4 8 2 0 2 1 9 6 5
8 6 2 5 4 3 1 7 5 2

Color / Colorea

Trace the number 5 and the word cinco
Traza el número 5 y la palabra cinco

5   5   5   5   5

cinco   cinco   cinco   cinco   cinco

0 1 2 3 4 5 **6** 7 8 9 10

seis - six

**Color 6 squares
Colorea 6 cuadros**

**Circle the number 6
Circula el número 6**

3 2 1 0 9 6 7 5 4 8
0 6 8 2 5 2 1 4 5 6
5 9 2 7 0 2 6 3 1 8

Color / Colorea

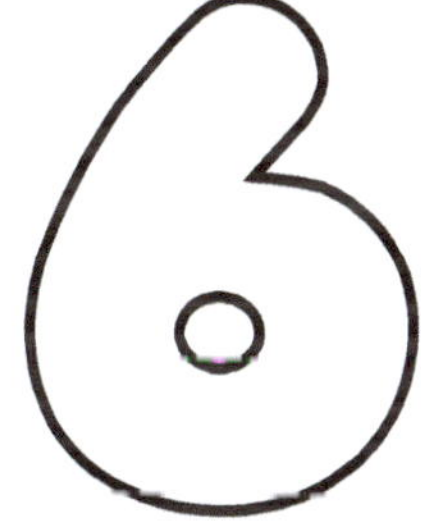

**Trace the number 6 and the word seis
Traza el número 6 y la palabra seis**

**6
seis**

6   6   6   6
seis   seis   seis   seis

Los números del 0 al 10 con 

0 1 2 3 4 5 6 **7** 8 9 10

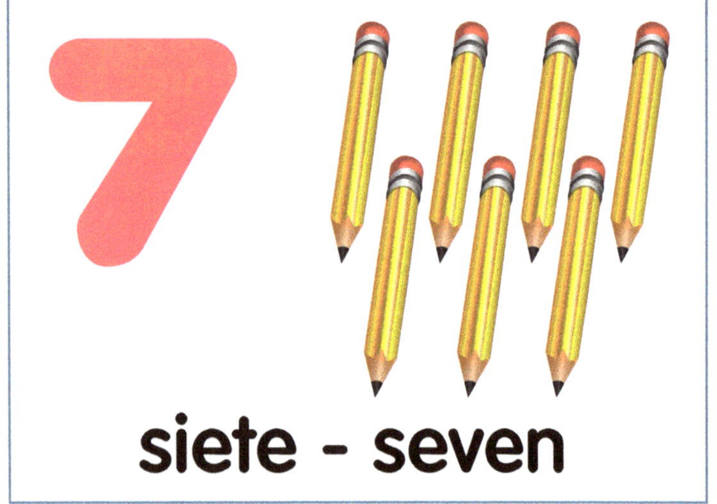

siete - seven

Color 7 squares
Colorea 7 cuadros

Circle the number 7
Circula el número 7

9 2 1 0 5 6 7 3 4 8
4 3 8 2 7 9 1 0 5 6
7 4 9 5 0 2 3 7 6 1

Color / Colorea

Trace the number 7 and the word cinco
Traza el número 7 y la palabra cinco

7
siete
7   7   7   7
siete   siete   siete   siete

Los números del 0 al 10 con 

0 1 2 3 4 5 6 7 **8** 9 10

8

ocho - eight

8 2 1 0 9 6 7 3 4 5
5 3 8 9 4 2 1 0 7 6
8 6 2 5 0 9 7 8 4 2

Trace the number 8 and the word ocho
Traza el número 8 y la palabra ocho

8
ocho

8   8   8   8

ocho   ocho   ocho   ocho

Los números del 0 al 10 con 

0 1 2 3 4 5 6 7 8 **9** 10

nueve - nine

 **Circle the number 9**
Circula el número 9

1 2 5 0 9 6 7 3 4 8
9 3 8 6 5 2 0 9 5 2
8 2 6 5 9 0 1 7 4 3

 **Color / Colorea**

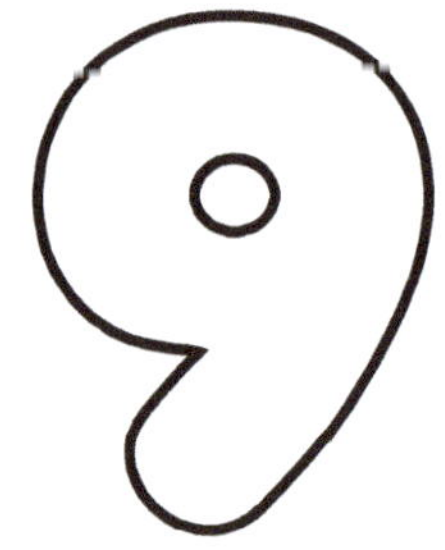

 **Trace the number 9 and the word nueve**
Traza el número 9 y la palabra nueve

9 _9_ _9_ _9_ _9_

nueve nueve nueve nueve nueve

Los números del 0 al 10 con 

0 1 2 3 4 5 6 7 8 9 10

10 diez - ten

3 2 10 9 6 7 5 4 8
10 8 7 5 2 10 5 4
7 6 9 10 3 5 8 4 2

10

Trace the number 10 and the word diez
Traza el número 10 y la palabra diez

10
diez

10   10   10   10
diez   diez   diez   diez

REVIEW - Repaso

 **Draw a line to match each number**
Une con una línea cada número

siete	0
diez	1
uno	2
cinco	3
nueve	4
tres	5
ocho	6
cero	7
dos	8
cuatro	9
seis	10

REVIEW - Repaso

Write the Spanish numbers in word
Escribe el número en Español

0 ________	1 ________
2 ________	3 ________
4 ________	5 ________
6 ________	7 ________
8 ________	9 ________

10 ________

REVIEW - Repaso

WORD SEARCH -SOPA DE LETRAS
Find the numbers 0-10 in Spanish
Encuentra los números del 0-10 en Español

s	e	i	s	a	b	c	u	n	o
t	u	c	u	a	t	r	o	l	ñ
o	c	h	o	k	a	b	x	m	u
z	l	l	x	y	n	u	e	v	e
c	e	r	o	u	m	x	z	i	l
ñ	k	r	t	s	i	e	t	e	x
v	x	a	w	t	c	a	t	d	o
c	i	n	c	o	b	t	r	e	s
w	g	a	t	d	i	e	z	t	o
d	o	s	l	l	a	m	a	ñ	b

cero   uno   dos   tres   cuatro   cinco

seis   siete   ocho   nueve   diez

REVIEW - Repaso

Word bank - Banco de palabras

Write the number and the word in Spanish
Escribe los números y las palabras en Español

diez   uno   nueve   tres   ocho   dos   seis
siete   cinco   cuatro

Aprende el número 11 con Rosita

0 1 2 3 4 5 6 7 8 9 10 **11**

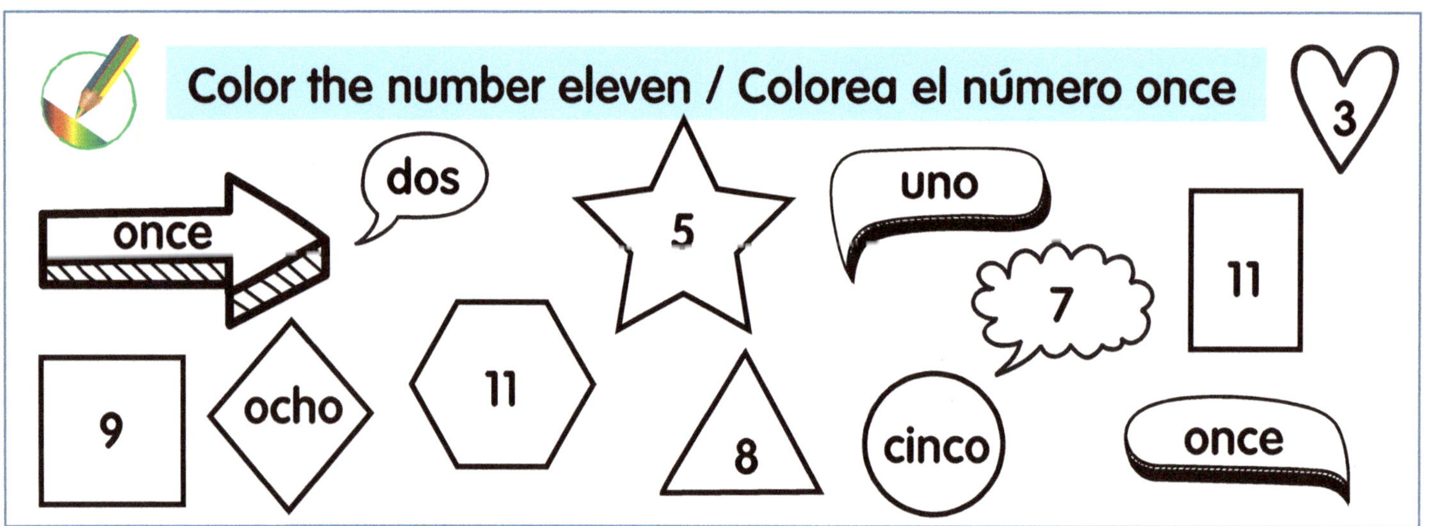

 **Write the number 11 and the word once**
Escribe el número 11 y la palabra once

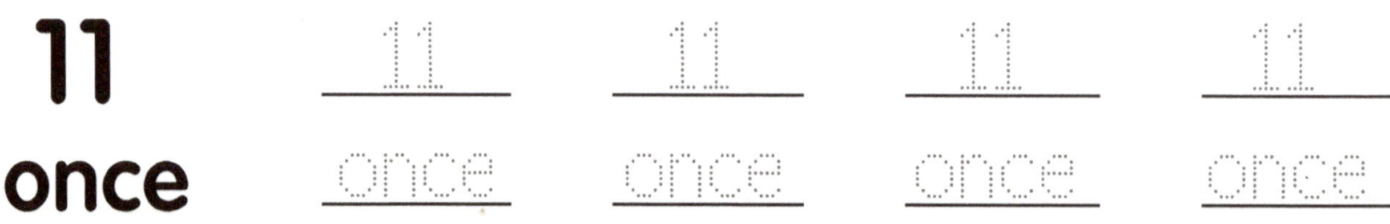

11
once

Aprende el número 12 con 

0 1 2 3 4 5 6 7 8 9 10 11 **12**

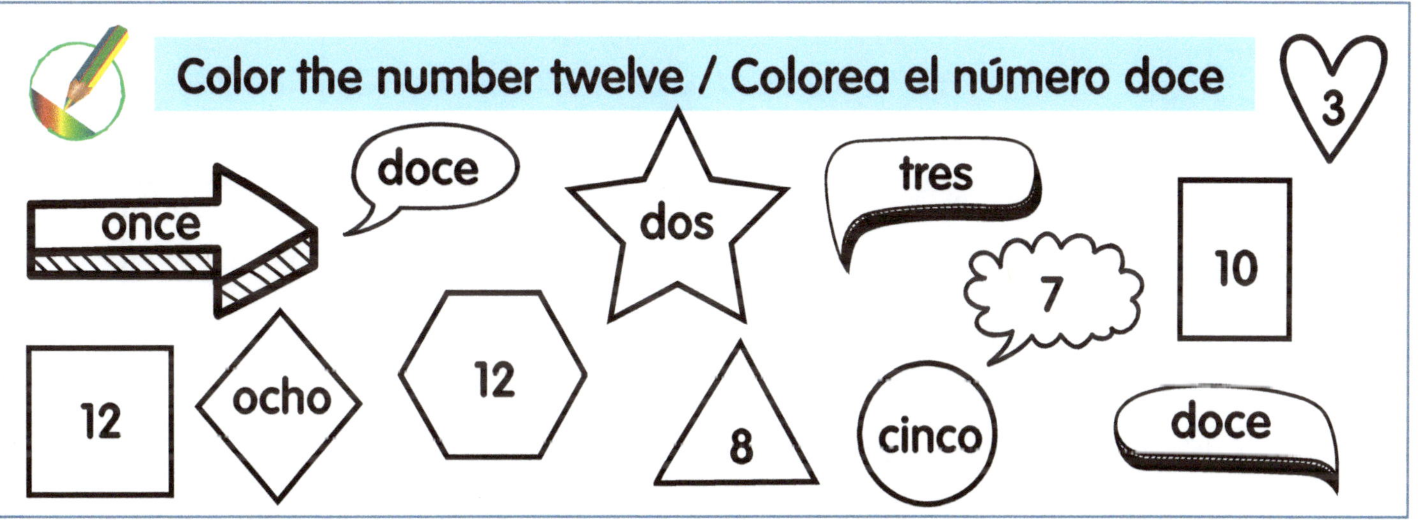

 **Write the number 12 and the word doce**
Escribe el número 12 y la palabra doce

12
doce

12   12   12   12
doce   doce   doce

Aprende el número 13 con

0 1 2 3 4 5 6 7 8 9 10 11 12 **13**

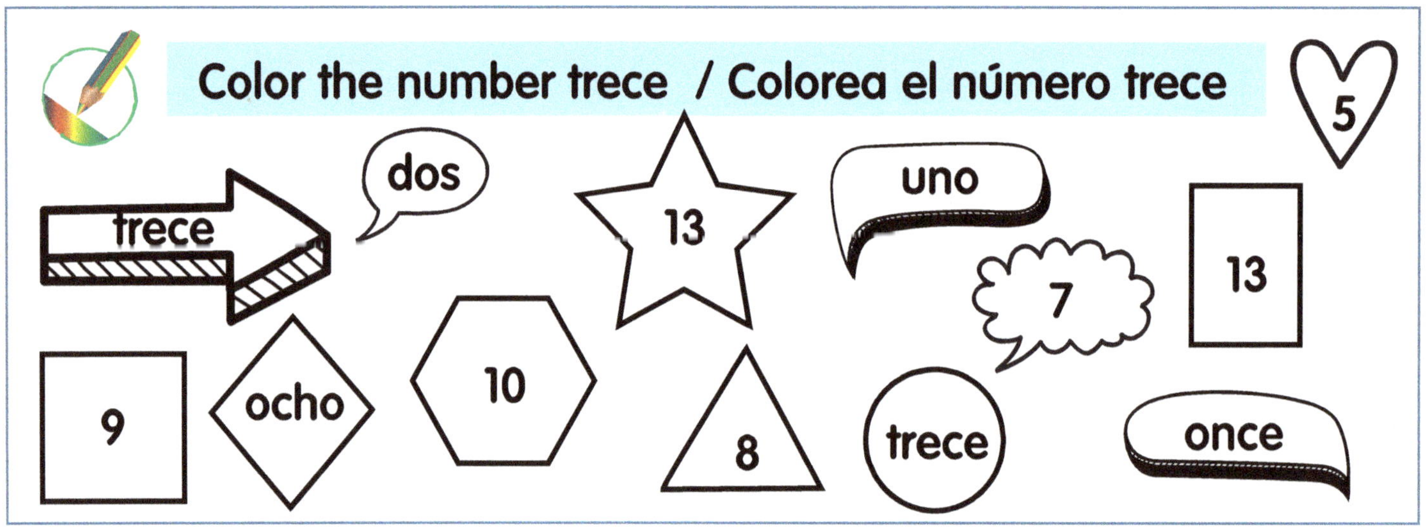

Write the number 13 and the word trece
Escribe el número 13 y la palabra trece

13
trece

13   13   13   13
trece   trece   trece

Aprende el número 14 con

0 1 2 3 4 5 6 7 8 9 10 11 12 13 14

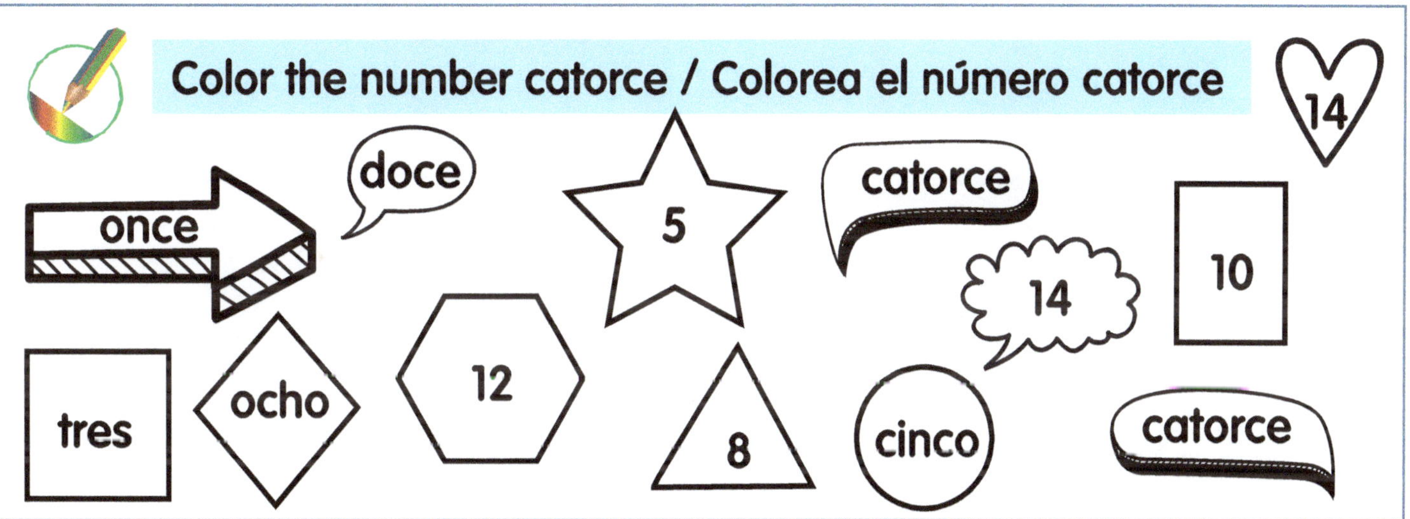

Write the number 14 and the word catorce
Escribe el número 14 y la palabra catorce

14
catorce

14   14   14   14

catorce   catorce

Aprende el número 15 con 

0 1 2 3 4 5 6 7 8 9 10 11 12 13 14 15

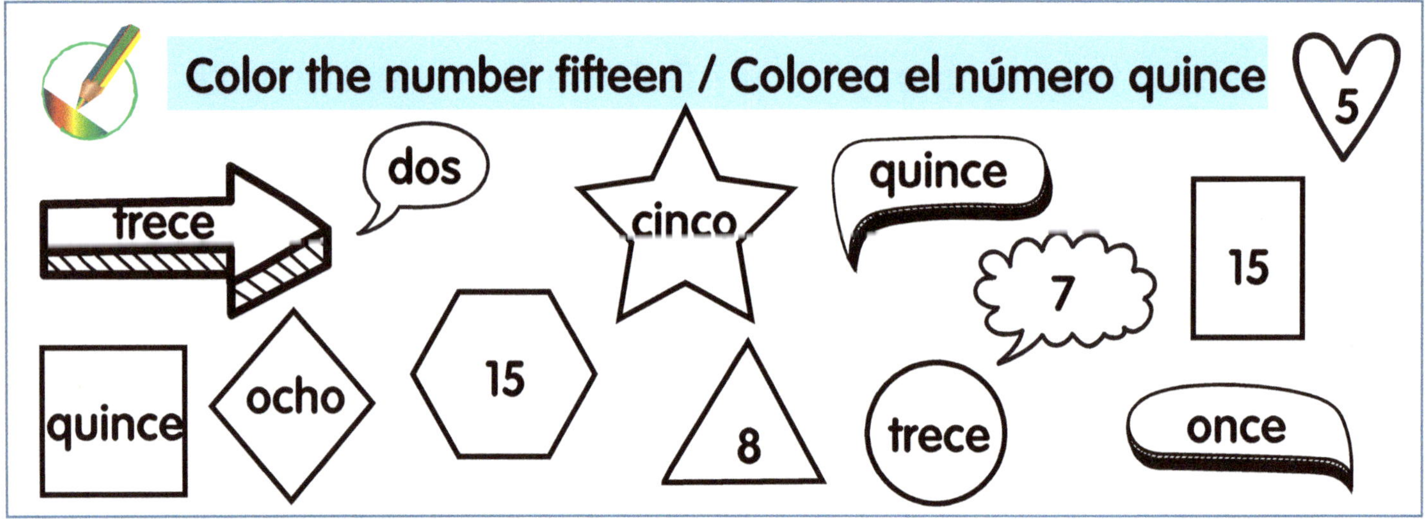

 **Write the number 15 and the word quince**
Escribe el número 15 y la palabra quince

15
quince

15   15   15   15

quince   quince

Aprende el número 16 con 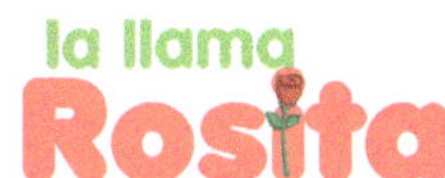

0 1 2 3 4 5 6 7 8 9 10 11 12 13 14 15 **16**

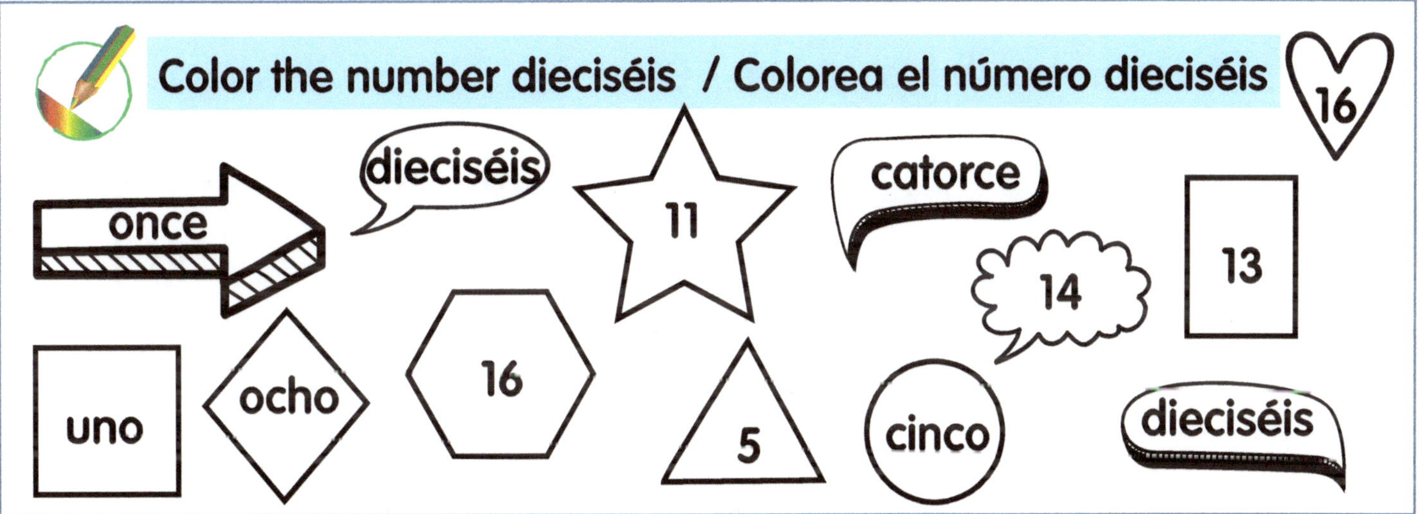

 **Write the number 16 and the word dieciséis**
Escribe el número 16 y la palabra dieciséis

16
dieciséis

16   16   16   16

dieciséis   dieciséis

Aprende el número 17 con

0 1 2 3 4 5 6 7 8 9 10 11 12 13 14 15 16 17

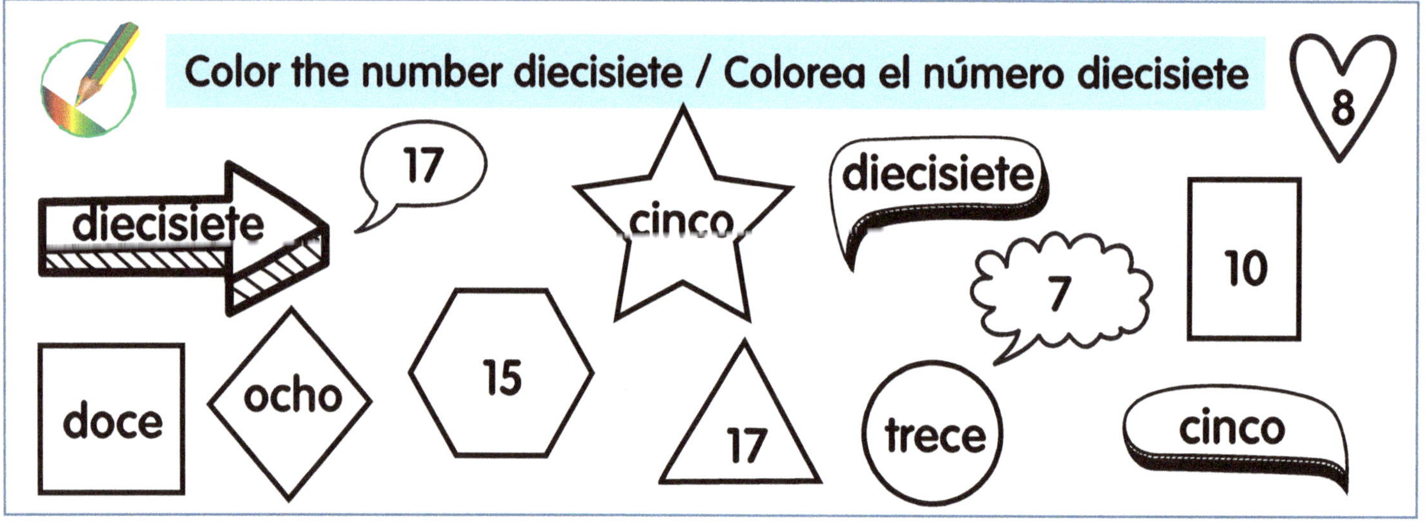

Write the number 17 and the word diecisiete
Escribe el número 17 y la palabra diecisiete

17
diecisiete

17   17   17   17

diecisiete   diecisiete

Aprende el número 18 con 

0 1 2 3 4 5 6 7 8 9 10 11 12 13 14 15 16 17 **18**

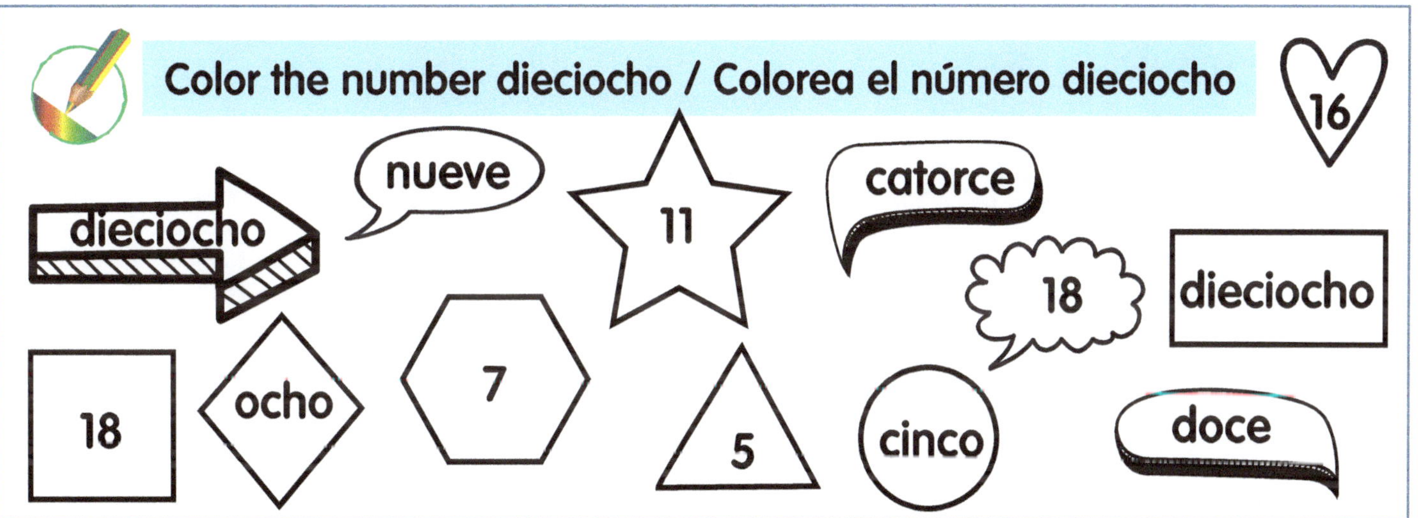

Write the number 18 and the word dieciocho
Escribe el número 18 y la palabra dieciocho

18   18   18   18   18

dieciocho   dieciocho   dieciocho

Aprende el número 19 con 

0 1 2 3 4 5 6 7 8 9 10 11 12 13 14 15 16 17 18 19

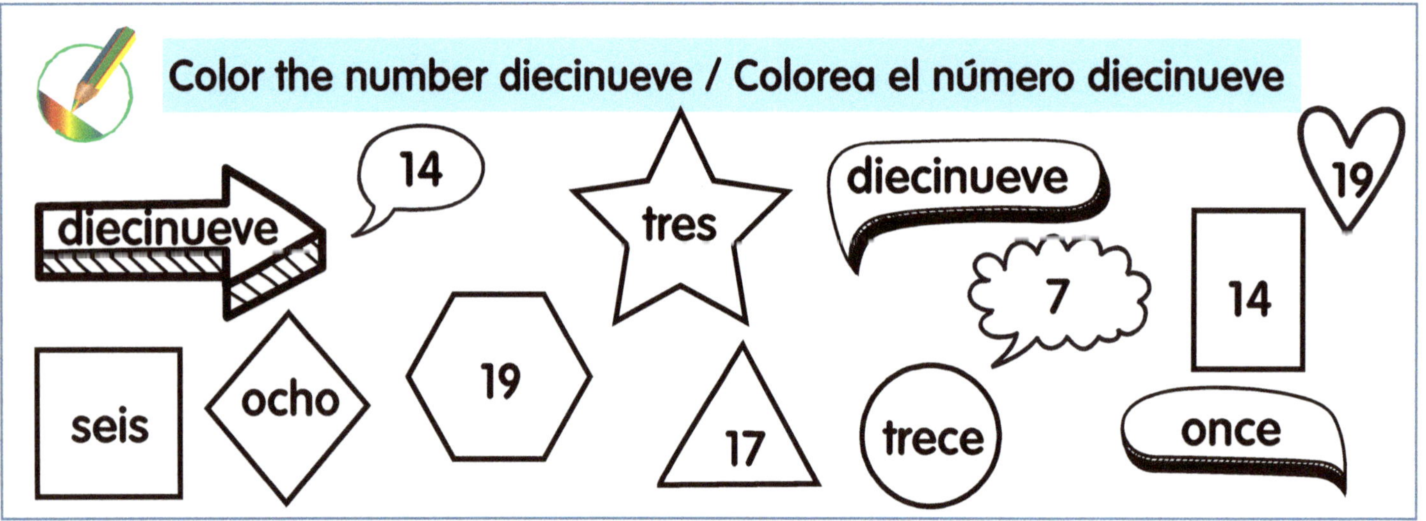

Color the number diecinueve / Colorea el número diecinueve

Write the number 19 and the word diecinueve
Escribe el número 19 y la palabra diecinueve

19

diecinueve

Aprende el número 20 con 

0 1 2 3 4 5 6 7 8 9 10 11 12 13 14 15 16 17 18 19 20

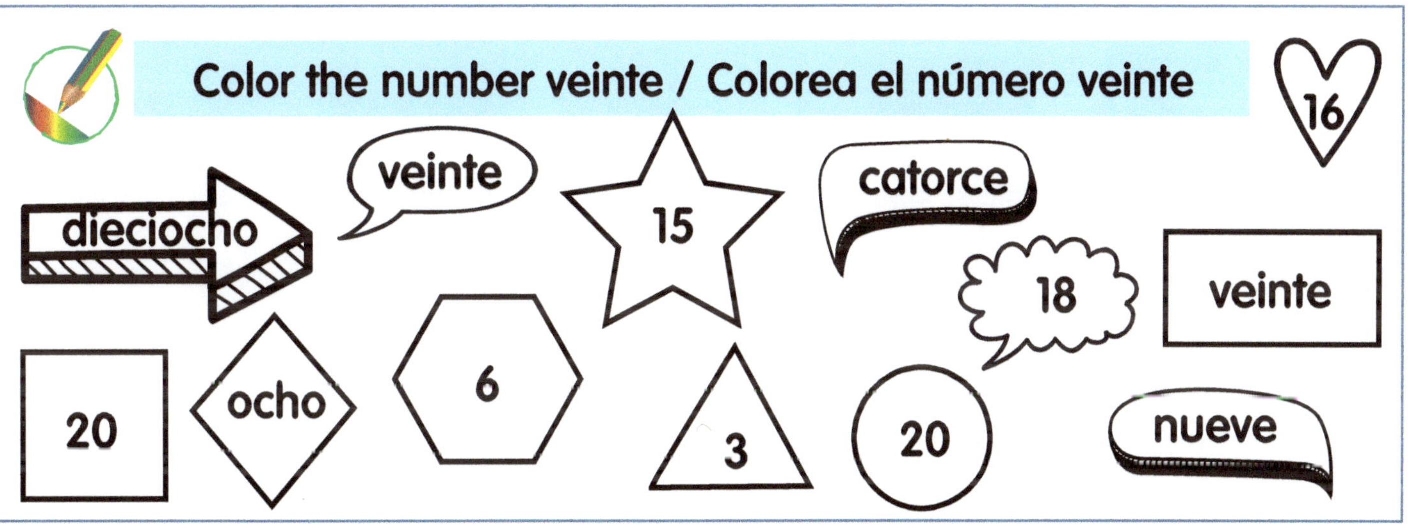

Write the number 20 and the word veinte
Escribe el número 20 y la palabra veinte

20
veinte

20   20   20
veinte   veinte   veinte

Write the correct number in each box
Escribe el número correcto

cinco _____   dos _____

cero _____   diez _____

uno _____   ocho _____

cuatro _____   siete _____

tres _____   seis _____

nueve _____

Draw a line to match each number
Une con una línea cada número

10	diecisiete
11	diez
12	veinte
13	quince
14	diecinueve
15	trece
16	dieciocho
17	once
18	doce
19	catorce
20	dieciséis

REVIEW

Write the missing numbers
Escribe los números que faltan en palabras

cero, _________, dos,

tres, _________, cinco,

seis, siete, ______,

nueve, ________, once,

doce, trece, catorce,

______________, dieciséis,

______________ dieciocho,

diecinueve,

________________.

REVIEW del 0 al 20

Circle the number that tells the meaning of the word
Marca el número que corresponde a la palabra

cero	5	0	10		once	1	11	12
uno	1	11	5		doce	12	2	13
dos	12	2	6		trece	3	13	10
tres	3	11	8		catorce	14	4	12
cuatro	14	4	12		quince	5	13	15
cinco	3	5	8		dieciséis	13	16	10
seis	6	16	0		diecisiete	16	17	18
siete	4	7	9		dieciocho	10	18	16
ocho	8	4	1		diecinueve	2	5	19
nueve	3	5	9		veinte	15	20	6
diez	10	11	15					

REVIEW del 11 al 20

Draw a line to match the numbers
Une con una línea los números que corresponden

17

20

16

18

19

13

11

14

15

12

Repaso-Review
Repasemos LOS NÚMEROS con la llama Rosita

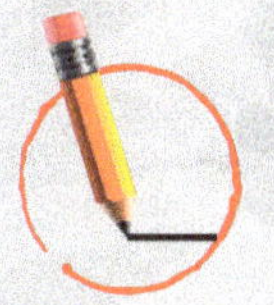

Draw lines to connect the dots from 1 to 20
Conecta los puntos del número 1 al 20

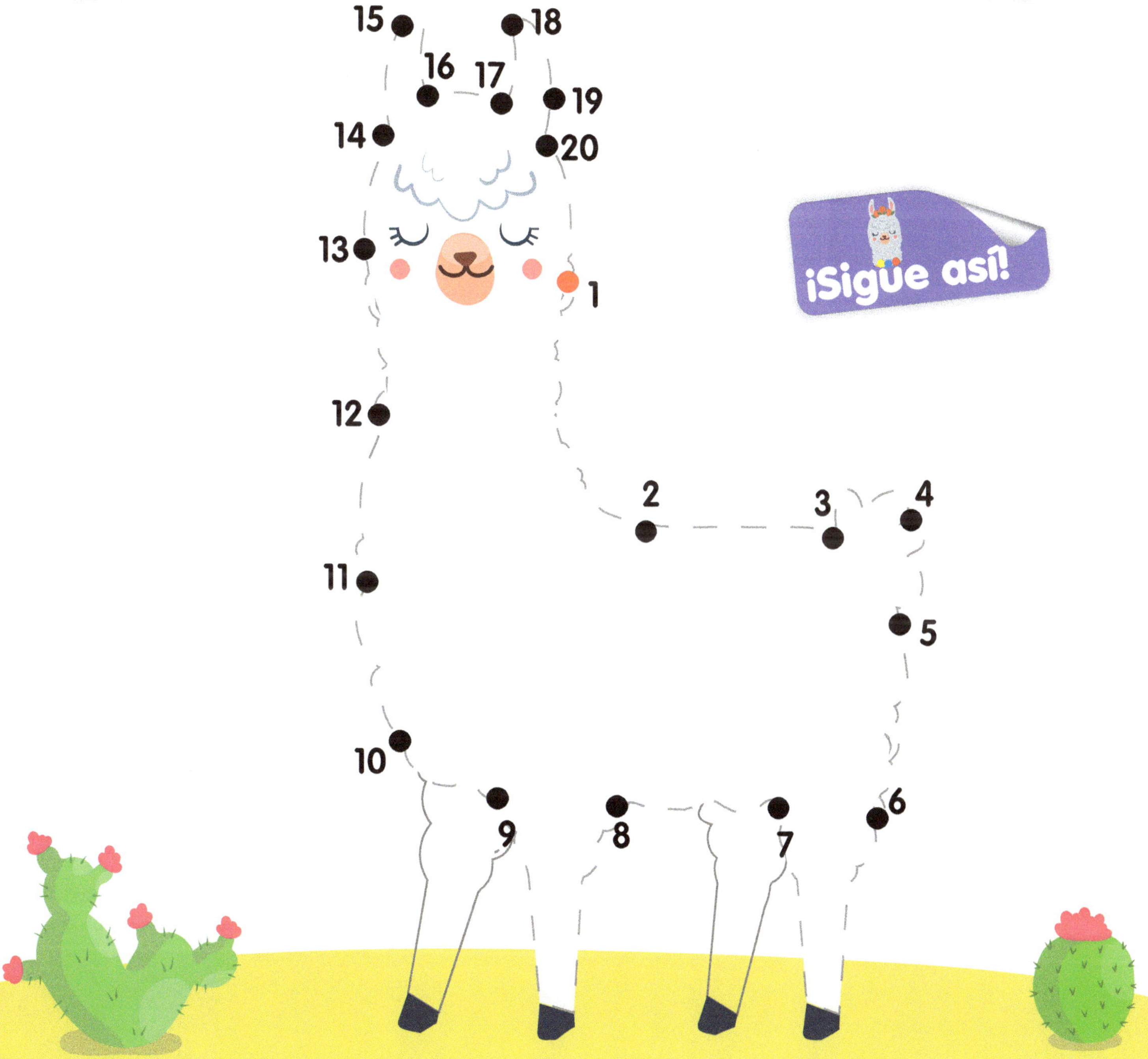

Vocabulario

Los números

Números	Español	Pronunciación	Inglés
0	cero	záy-roh	zero
1.	uno	éw-noh	one
2.	dos	dohs	two
3.	tres	trays	three
4.	cuatro	kew-áh-troh	four
5.	cinco	séen-koh	five
6.	seis	sáy-ees	six
7.	siete	see-áy-tay	seven
8.	ocho	óh-choh	eight
9.	nueve	new-áy-vay	nine
10.	diez	dee-áys	ten
11.	once	óhn-say	eleven
12.	doce	dóh-say	twelve
13.	trece	tráy-say	thirteen
14.	catorce	kuh-tóhr-say	fourteen
15.	quince	kéen-say	fifteen
16.	dieciséis	dee-áys-ee-sáy-ees	sixteen
17.	diecisiete	dee-áys-ee-see-áy-tay	seventeen
18.	dieciocho	dee-áys-ee-óh-cho	eighteen
19.	diecinueve	dee-áys-ee-new-áy-vay	nineteen
20.	veinte	bee-áyn-tay	twenty

www.ingramcontent.com/pod-product-compliance
Lightning Source LLC
Chambersburg PA
CBHW042055030726
47599CB00019B/2506